DU

REJET DE LA LOI

SUR LA

RÉDUCTION DES RENTES,

Par Mr A. F......L.

Exhauriare aliquis ultor.

PARIS.

1824.

De l'Imprimerie de CHAIGNIEAU fils aîné,
rue de la Monnaie, n° 11, à Paris.

DU REJET DE LA LOI

SUR LA

RÉDUCTION DES RENTES.

DEPUIS dix ans la France attendait avec impatience un ministère qui, pénétré de l'importance de sa mission, se dit à lui-même en arrivant au pouvoir : Nous sommes appelés aux plus hautes fonctions de l'Etat ; notre nom appartient désormais à l'histoire. Sortons de la route battue par cette foule de puissances éphémères qui nous ont précédés ; elles avaient soif de dignités et de richesses ; elles avaient à faire la fortune d'une clientelle ou d'une parenté nombreuses ; elles se sont hâtées d'accomplir leurs destinées : le Léthé a fait justice de ces administrations d'un jour qui savaient à peine pourvoir aux besoins du moment.

Par suite de ces essais, des hommes nouveaux sont arrivés au pouvoir. L'opposition se plaisait à les dire neufs au maniement des affaires ; la France entière étoit dans l'attente. Leur première opération qui tendait à nous délivrer du régime provisoire en finances, leur valut l'approbation universelle. Cependant des économies furent demandées alors, comme elles avoient été réclamées dans les discussions précédentes ,

comme elles le seront toujours par une opposition quelconque ; c'est la partie la plus intéres-
sante de son rôle ; c'est par cette voie qu'elle
parle à l'opinion dont elle n'est souvent, il faut
le dire, qu'un interprête avoué par la constitu-
tion. Mais dans une administration où les rouages
sont aussi compliqués ; dans un pays comme la
France où, depuis si long-temps, une grande
masse d'habitans est accoutumée à vivre par le
pouvoir, il n'est pas facile d'improviser des économies sans courir le risque de faire jeter les
hauts cris et même de rencontrer des résistances
plus ou moins prononcées dans les classes qui
se trouvent lésées. L'histoire des ministres Sully,
Colbert, Silhouette, Turgot et Necker, justifie-
roit au besoin l'exactitude de mon observation.
Dans cet état de choses, la position de réfor-
mateur est d'autant plus embarrassante, que
l'opposition qui ne cesse de réclamer des économies, est toujours disposée à se rendre l'écho des
plaintes formées par les intérêts privés, froissés
par les réformes ministérielles, et s'inquiète peu
d'une contradiction aussi manifeste, parce qu'elle
est sûre de réussir, en parlant aux hommes, la
langue des passions qui les agitent.

Une guerre d'un intérêt politique majeur ve-
nait d'être terminée avec tout le bonheur et
toute la brièveté désirables. L'état de paix qui
lui avait succédé, paraissait être encore conso-
lidé par les nouvelles bases sur lesquelles on
venoit d'asseoir la paix du continent ; le crédit

de l'Etat se ressentit avantageusement de la situation des affaires. Les fonds publics devinrent l'objet des spéculations générales en France, et attirèrent même les fonds de l'étranger ; la rente atteignit et dépassa bientôt le pair. Que pouvait, que devait faire un ministre habile dans cette occurence ? C'étoit, bien averti par le passé, de se tenir en garde contre cet état de prospérité passagère. En effet, en suivant l'avis de certains spéculateurs, répété sottement par une foule d'intéressés avides et peu prévoyans, c'est-à-dire en laissant aller tout au gré des événemens, le mouvement de hausse étoit tellement prononcé, qu'il étoit naturel de la voir arriver en peu de jours à 120 et même à 125 ; car la malveillance qui jadis avait spéculé si avantageusement à la baisse, concourait elle-même à accélérer le mouvement de hausse, bien sûre d'atteindre plus tôt et plus sûrement son but en suivant cette nouvelle direction. Les petits rentiers, si maltraités en l'an 6 par les meneurs de l'époque, si peu respectés même dans les pamphlets et les caricatures du jour, ont excité, de notre temps, un intérêt bien plus vif. Fort heureusement pour eux, il se liait à des intérêts identiques, mais bien autrement représentés. Les petits rentiers et les possesseurs d'inscriptions nombreuses et importantes se trouvaient atteints par la même mesure ; ces derniers ont vigoureusement défendu cette fois les intérêts de la petite propriété. Mais qui peut nous assurer que ces petits rentiers, plus au courant qu'on ne pense, des fluctuations de la Bourse, et dont une partie avait déjà réalisé ses inscriptions depuis l'annonce de la loi rejetée, afin de faire valoir ses capitaux sur la place, en spéculant soit sur les reports, soit enfin sur toute autre chance inventée par l'agiotage ; qui peut assurer, disons-nous, que cette classe de créanciers qui ne veut pas se contenter de 4 d'intérêt pour 60 ou 68 francs d'argent prêté, en voyant la rente montée à 120, se serait contentée de l'intérêt de 5, et ne serait pas accourue à la Bourse pour se défaire d'une inscription dont la vente lui procurera un capital qui doit légalement lui rapporter 6 ? Si l'événement justifiait une conjecture aussi naturelle, le déclassement presqu'entier de la rente avait lieu sans coup-férir, et à la première fausse alerte la chute était d'autant plus rapide, que la place se trouvait engorgée d'une masse d'effets qui venaient d'y être jetés spontanément et qui s'accroissait encore par la retraite des spéculateurs étrangers, toujours soigneux de se retirer en temps utile et profitable. L'opposition ayant, avec beaucoup d'art, fait peser l'économie sur la dotation de la Caisse d'amortissement, le jeu de cette machine financière se trouvait paralysé et ne pouvait par conséquent venir au secours du crédit public qui, devenu le jouet des spéculations de l'agiotage, aurait éprouvé sans doute un échec notable. Le petit rentier s'étant imprudemment risqué dans l'antre des hasards, était surpris à l'improviste par ce mouvement de baisse. Trop heureux, s'il parvenait à sauver du naufrage un 5ᵉ de son capital, lui qui n'avait pas voulu consentir à la réduction d'un 5ᵉ de son revenu ! Tel eût été sans doute le résultat d'un jeu désordonné, affranchi de l'action modératrice du Gouvernement, si d'ailleurs la loi rejetée n'eût produit en partie son effet, en arrêtant un mouvement de hausse dont le résultat naturel paraissait être celui dont je viens de faire le tableau.

Sans doute le projet du ministère embrassait, dans son ensemble, d'autres objets d'une considération majeure. Une économie bien nette et bien claire de 28,000,000 sur le budjet des dépenses annuelles de l'État, peu sensible et peut-être juste restitution de ceux qui ont fait des bénéfices si considérables au temps des emprunts désastreux ; le besoin de reporter les rentes à un taux qui rendît l'action de la caisse d'amortissement moins onéreuse à l'État ; l'intention si morale de faire baisser le taux de l'intérêt de l'argent, de modérer les jeux de bourse et de faire refluer vers l'agriculture et le commerce, les fonds qui s'amoncèlent si inutilement pour l'industrie chez les agens de change et autres capitalistes qui se livrent aux chances de hausse et de baisse des effets publics ; le désir, enfin, de raviver les provinces éloignées, desséchées par l'écoulement du numéraire dans le vaste réservoir de la capitale : telles étaient, j'ose croire en partie, les vues du ministre, auteur de la loi sur la réduction des rentes. Qu'est-ce qui s'est refusé à des résultats d'un intérêt aussi majeur ? Qu'est-ce qui s'est refusé à l'amélioration du sort de ces provinces intéressantes, qui semblent considérées seulement jusqu'ici, comme matière imposable, de ces millions d'individus disséminés sur leur surface, qui portent avec si peu de profit et tant de charges le beau nom de Français ? Oserons - nous le dire, l'intérêt de quelques milliers d'habitans de Paris, dont la partie la moins fortunée devait être à l'abri de la réduction, d'après l'intention manifestée par le Gouvernement lui - même. Dans cette circonstance, il est pénible d'être obligé de se rappeler que, dans le principe de notre révolution, le désir des réformes et des innovations devint plus prononcé par la résistance inopportune du haut clergé, à la demande formée d'une participation égale et proportionnelle aux charges de l'État par tous les membres de la nation. Il est également fâcheux de se rappeler que les créanciers de l'État, dans la crainte d'une réduction, prirent une part très-active à nos premiers orages politiques, sans se douter alors qu'ils seraient emportés eux-mêmes par la tourmente révolutionnaire.

Pour qu'un édifice soit solide, il faut homogénéité dans les matériaux; pour qu'un Gouvernement représentatif offre quelque chance de durée, il lui faut un esprit public, et ce n'est pas avec de l'égoïsme qu'on le forme. La classe ouvrière n'est remuante, en Angleterre, que lorsqu'elle n'a pas de travail ; la partie opulente de la nation est pénétrée de cette vérité ; aussi n'est-il pas de sacrifices qu'elle ne fasse dans cette circonstance. Le crédit public est également iné-branlable, parce qu'il a obtenu et qu'il obtien-drait encore, dans l'occurrence, toute espèce de sacrifice.

On a objecté, il est vrai, non pas contre l'uti-lité de l'objet principal du projet de loi, mais contre une de ces dispositions accessoires qu'il était facile de modifier sans toucher au fond de la loi, qu'il accroissait de près d'un milliard le capital déjà si considérable de la dette de l'État. En effet, en songeant à la manière dont l'offre de cette prime a été accueillie, il eût été peut-être à désirer qu'elle n'eût point fait partie de la proposition ministérielle. Mais cet accroissement était-il réellement tant à redouter ? puisque le moment est arrivé pour les ministres de jouer les cartes sur table, il doit être permis à un cha-cun de dire sa pensée toute entière, lorsqu'il ne sort pas des limites que la loi a posée à cette li-berté. Tâchons de nous faire comprendre.

Plusieurs romanciers, qui se sont occupés de la dette de l'État, ont amusé le public avec des chiffres, et au moyen de plusieurs hypothèses plus ou moins invraisemblables, c'est-à-dire en prenant pour base de leurs calculs un taux quel-conque qu'il leur plaît de donner à la rente pen-dant une période plus ou moins longue d'années, dont le cours pacifique et prospère ne sera interrompu par aucune guerre étrangère ou aucuns troubles politiques, ils sont parvenus à l'extinction de la dette, par la méthode simple, douce et facile de l'amortissement. J'ignore si aucun homme d'État s'est jamais laissé bercer par ces comptes en chiffres, qui ressemblent beaucoup à des contes bleus. L'Histoire à la main, nous voyons, sinon l'impossibilité, au moins l'invraisemblance de semblables calculs. La guerre la moins onéreuse dissipe toutes ces illusions : alors, de nouveaux emprunts devenant nécessaires, le remboursement à une époque donnée n'est plus qu'une fiction, le capital de la dette est illusoire, et il ne reste de réel que la rente que M. de Villèle voulait diminuer, dans une occasion opportune, d'une somme de 28,000,000. Cette économie paraissait d'autant plus naturelle et juste, qu'elle représente en partie le prélèvement du vingtième qui avait lieu dans l'ancien régime sur ce genre de propriété, comme part contributive aux charges de l'État. Or, ce prélèvement une fois opéré, la prime de 33, 33 était concédée aux rentiers, pour les rassurer contre la crainte de nouvelles réductions, qui, en effet, ne deviendraient praticables que lorsque l'amortissement aurait absorbé ce nouveau capital, et cet évènement ne peut être prévu que dans un avenir très-éloigné.

La caisse d'amortissement employait, il est vrai, ses fonds au rachat de cette prime ; l'accroissement du capital n'était donc plus illusoire. Mais cet établissement, créé spécialement pour soutenir le crédit de l'État, modère ou accélère son action selon les circonstances, et l'émission des nouvelles rentes lui eût offert des chances favorables dont il n'eût pas manqué de profiter ; c'est ce qu'a très-bien démontré l'auteur de la brochure du *Milliard perdu et retrouvé*. Epuisons toutes les objections.

On a prétendu que l'économie des 28,000,000 pouvait être plus convenablement prélevée sur la dotation de la caisse d'amortissement ; en d'autres termes, que l'occasion s'offrait de paraliser un des ressorts les plus puissans du Gouvernement, si le ministère pouvait donner dans ce piége grossier. Cette proposition avait une même origine avec celles de l'abandon des Colonies, de l'aliénation des forêts de l'État, de l'établissement des petits grands-livres dans les départemens, etc., etc. On ne pouvait s'y méprendre, car la dotation de cet établissement peut devenir une ressource bien essentielle et toujours disponible dans une occasion pressante, outre le service indispensable qu'elle rend au crédit public, dans un temps où des fortunes particulières et colossales acquises en finances, ont obtenu un accroissement d'autant plus digne d'observation, que ces puissances *dorées* ne forment qu'une seule famille dispersée sur toute la surface de l'Europe, et dont le lien commun est l'intérêt de tous en général, et de chacun en particulier. Or, l'intérêt de ces

grands capitalistes est souvent l'inverse des intérêts de l'État , et souvent même opposé à
celui . des spéculateurs imprudens qui ne sont
point en communauté d'intérêts avec eux. Que
deviendraient donc ces intérêts précieux, si le
Gouvernement n'avait point à sa disposition un
ressort puissant, capable de neutraliser les effets
de spéculations habiles combinées avec art et
soutenues de tous les moyens de réussite?

Félicitons ces riches financiers de n'être point
nés dans ces siècles grossiers, où les souverains ,
par une justice un peu turque , reprenaient en
bloc, dans les temps de paix , les profits usu-
raires que les Juifs et les Lombards avaient faits
sur eux dans les temps de guerre. Sans leur ac-
corder le nom pompeux de *colonnes de l'État* que
s'étaient arrogés les anciens fermiers généraux ,
soyons reconnaissans des services qu'ils ont rendus
dans des occasions difficiles et importantes , bien
que leur intervention fût un peu coûteuse. Mais
rappelons-nous qu'un État, qui peut être gêné
momentanément dans ses finances , ne périt jamais par-là , tandis qu'il peut être détruit, faute
d'énergie et de sagesse dans son Gouvernement.

Jusques ici je n'ai point touché à la légalité du
projet de loi dont il est question , parce que tout
le monde semble convenir aujourd'hui que la
rente , ayant atteint le pair, la faculté du remboursement résultait nécessairement de cet état
de choses. Or, l'offre du remboursement faite
aux créanciers , avec la prime de 33, 33 , était un

surcroît de précaution dont on entourait la réduction projetée, en recherchant à dissiper les craintes
de nouvelles réductions ; et en donnant la faculté
de rentrer dans leur capital , aux créanciers qui
se croyaient lésés par cette diminution. Ce sont
néanmoins ces précautions pleines de sollicitude,
qu'on a voulu rétorquer contre la loi, en disant
que tout doit être *clair, simple et facile en finances*.

Les moyens d'exécution, sans être connus,
sont également devenus l'objet de censures nombreuses et amères. La cupidité a cherché vaine-
ment à soulever le voile sous lequel elle soup-
çonnait des millions auxquels elle croyait ne pas
avoir une assez forte part. Cependant, en finances
comme en politique, il est permis , il est souvent
convenable de dire tout ce qu'on a fait ; mais il
serait peu sage de dire tout ce qu'on a le projet
de faire. Les habitans de la province, qui démêlent
très-bien les questions d'intérêt général et l'opposition qui prend sa source dans l'intérêt privé,
ont été peu touchés , disons-le franchement, ont
été scandalisés en découvrant l'origine de cette
opposition. Car , si cette question toute entière
de finances a obtenu la fusion de tous les partis
dans la capitale, elle a produit le même résultat,
mais en sens inverse dans les provinces qui sen-
taient qu'elles avaient beaucoup à gagner à la
mesure proposée.

Le ministère se tiendra-t-il pour battu dans
cette circonstance ! C'est ce que nous ignorons.
Toutefois, il paraît qu'il y aurait un moyen *sim-*

ple , clair et facile de reproduire la même loi ,
en la dégageant de toutes les précautions accessoires qui ont été l'objet de si vives censures. Ce
moyen emprunté à l'opposition elle-même , qui
persiste à considérer les inscriptions sur le grand-
livre , comme un immeuble qui doit produire un
revenu fixe , se borne à déclarer que la rente
sera sujette à une retenue proportionnelle , de
sorte que le cultivateur et le patentable aient
la certitude désormais qu'il n'est plus une classe
dans l'état qui participe à tous les avantages de
la société , sans en supporter les charges. Quelles
que soient les objections dont on puisse faire usage
contre cette proposition , elles nous paraissent
toutes d'un intérêt secondaire à cette base cons-
titutive de toute société bien organisée. Ce n'est
point , d'ailleurs , au moment où l'esprit démo-
cratique s'est infiltré si profondément dans les
mœurs , ce qui fait qu'on le ressent partout ,
quoiqu'on persiste à le chercher dans les lois où
il n'est pas ; ce n'est pas , dis-je , dans un temps
où la société , récemment bouleversée , est encore à attendre qu'elle soit remise sur des bases
plus analogues à notre organisation politique ,
que l'on voudrait créer une sorte d'aristocratie ,
la pire de toutes , parce qu'elle serait la plus
onéreuse et la plus inutile à l'État. L'opposition
ne voudrait pas se mettre ainsi en contradiction
avec les principes qu'elle se fait honneur de pro-
fesser , sans avouer implicitement par-là qu'elle
possède de nombreuses inscriptions et des capi-

taux considérables, et que l'intérêt particulier
fait ici fléchir ces mêmes principes, qui, du
reste, ont déjà succombé une première fois sous
le poids des honneurs, des richesses et des dignités dont les avait accablés *l'héritier de la révolution*.

FIN.